Cosas que quiero hacer contigo

MÖ UK.

zenith

Primera edición: enero de 2018

Zenith es un sello editorial de Editorial Planeta, S.A.
Avda. Diagonal, 662-664, 08034 Barcelona (España)
www.zenitheditorial.com
www.planetadelibros.com

ISBN: 978-84-08-18074-6
Depósito legal: B. 28562 – 2017
Fotocomposición: gama, sl
Impresión y encuadernación: Egedsa

Impreso en España – ***Printed in Spain***

El papel utilizado para la impresión de este libro es cien por cien libre de cloro y está calificado como papel ecológico.

A David N.

Preparar café

y charlar durante horas

Tomar el sol

Cocinar una nueva receta

12
9
3
6
COCINA

Hacer un maratón
de pelis en el salón

Viajar, aunque sea a 2 kilómetros

Desayunar, desayunar
y desayunar

Escaparnos entre semana

Bañarnos en el mar

Hacer un pícnic en primavera

LEER EL PERIÓDICO
UN DOMINGO
POR LA MAÑANA

Apagar el móvil para hablar sin interrupciones

clic
clic

Dormir bajo las estrellas

Pasear

PARQUE

Mirar la lluvia desde el sofá

Bailar hasta que salga el sol

Tomar un helado

OSO

Hacer planes

GUÍA
$10
YO
TÚ

Pedir pizza
y mirar vídeos
de gatitos en internet

PIZZA
PIZZA
PIZZA

Cantar en voz alta aunque desafinemos

Abrazarnos

Terracear en cualquier parte

Ir de excursión

Hacer galletas
(o rosquillas,
o magdalenas)

Hablar por teléfono durante horas

Ver series de televisión antiguas

Atiborrarnos
de golosinas

PATATAS

Hacernos viejecitos
y seguir igual
que siempre

Y REPETIRLO TODO
DE NUEVO

Bea nació en Madrid. Estudió muchas cosas hasta que, un buen día, fue secuestrada por una manada de yaks salvajes para que se dedicara a la ilustración, que siempre la apasionó. Y ahí está, trabajando en su estudio madrileño haciendo lo que más le gusta, siempre que el trasero de su gato Spock se lo permite.

Möuk
www.moukstudio.com

Agradecimientos:
Gracias por orden alfabético: Dune, Gemma, Julio, Laura, Lo, Mamá, María B., Mol, Mulé, Pakoto, Salba.
Gracias a todos por creer, por estar. Gracias a David N. por ser el mejor compañero del mundo y por todo su apoyo y cariño durante el proceso de ilustración de este libro que va de querer. Os quiero y punto.

Este libro se terminó de imprimir
cuando te dije «Te quiero»
por 112.358.132 vez.